Manfred Julius Müller

Only Fairtrade

Die kapitalistische Reformation!
35 Thesen für eine gerechtere Welt!

Aufgrund des technologischen Fortschritts
müsste es eigentlich weltweit einen Wohlstand
auf deutschem Niveau geben – bei einer Regelarbeitszeit
von wöchentlich 20 Stunden wohlgemerkt.
Warum funktioniert das nicht, was läuft falsch?

© Manfred Julius Müller, Flensburg
September 2017
Alle Rechte liegen beim Autor
Herstellung und Verlag: BoD – Books on Demand, Norderstedt
ISBN 9783744893817

Einleitung

Der technologische und wissenschaftliche Fortschritt hat die Produktivität in den letzten 120 Jahren in etwa verzehnfacht. Leider ist diese segensreiche Entwicklung bei vielen Menschen nicht angekommen. Der größte Teil der Weltbevölkerung lebt immer noch in Armut. Und in den alten Industrienationen sind die Arbeitseinkommen in den letzten 37 Jahren sogar gesunken – wo sie sich doch eigentlich (aufgrund des Produktivitätswachstums) hätten verdoppeln müssen.

Die Regierungsdelegationen der G7- bzw. G20-Staaten versuchen seit Jahrzehnten, die ärgsten Probleme dieser Welt zu lösen. Doch sie haben bei ihrem Bemühen wenig Erfolg. Die internationalen Abkommen, die sie unverdrossen anstreben, scheitern immer wieder an den Eigeninteressen der Länder. Nach zähen Verhandlungen reicht es (wenn überhaupt) nur zu flauen Kompromissformeln, die kaum einmal etwas Gutes bewirken.

Ist es nicht an der Zeit, aus den Misserfolgen der Vergangenheit zu lernen und neue Strategien zu entwickeln? Auf den folgenden Seiten habe ich 35 Thesen aufgestellt, die einen nachhaltigen Paradigmawechsel vorsehen. Statt unbeirrt auf internationale Abkommen zu bauen gilt es, den durchaus noch vorhandenen Handlungsspielraum der souveränen Nationalstaaten auszunutzen. Mit gezielten Maßnahmen wären diese nämlich sehr wohl in der Lage, im Alleingang zu handeln und über die Hintertür internationale Vereinbarungen zu provozieren.

Um das Buch übersichtlich zu gestalten (und damit auch das Gesamtkonzept erkennbar bleibt) wurden viele Thesen, über die ich schon längere Abhandlungen verfasst habe, recht kurz abgehandelt. Wer nähere Aufklärung zu diesen Themen wünscht, findet sie in meinen früheren Schriften (vor allem in meinem Standardwerk „DAS KAPITAL und die Globalisierung").

Manfred Julius Müller

Flensburg, den 10. August 2017

Die 1. These:

Mehr Ehrlichkeit: Abkehr von der Bilanzkosmetik!

Offenheit und Ehrlichkeit scheinen mir immer noch der Grundstock für erfolgreiche politische Überlegungen zu sein. Wer Statistiken schönt, um Erfolge vorzugaukeln, täuscht nicht nur den Wähler, sondern am Ende sich selbst.

Als Beispiel möchte ich hier die Lohnentwicklung seit 1980 anführen (die sich infolge der gestiegenen Produktivität bis heute zumindest hätte verdoppeln müssen). Rechnet man alle relevanten Veränderungen ein (zum Beispiel die stark gesunkenen Rentenansprüche, das allgemein höhere Bildungsniveau der Erwerbstätigen, die höheren Arbeitsanforderungen, die Zunahme der Schichtdienste, der unbezahlten Überstunden usw.), ergibt sich für fast alle Berufe eine eindeutig negative (inflationsbereinigte) Nettolohnentwicklung. Das ist eigentlich pervers und müsste neutrale Medien und Politiker wachrütteln. Aber nichts dergleichen geschieht! Man vertraut der plumpen Verdrängungsrhetorik („Noch nie ging es uns so gut wie heute!").

Nicht viel ehrlicher wird mit dem Problem der Massenarbeitslosigkeit umgegangen. Obwohl sich die offiziellen Arbeitslosenzahlen seit den 1960er Jahren verzehnfacht haben, wird listig der allgemeine Fachkräftemangel ausgerufen. Dabei wurde die Berechnungsart auch noch mehrmals geändert. Ältere Langzeitarbeitslose verderben längst keine Statistik mehr (ebenso wie ABMler, 1-Euro-Jobber, Minimal-Beschäftigte, Aufstocker, usw.). Hinzu kommt: Sieben Millionen Teilzeitler suchen eigentlich einen Vollzeitjob. Deutschland hat ein Potential von fast 50 Millionen Beschäftigten, aber gerade einmal 30 Millionen Menschen verfügen (trotz konjunkturstützender Billiggeldschwemme) über einen sozialversicherungspflichtigen Job (der häufig unter Tarif entlohnt wird). In anderen EU-Staaten ist die Situation zwar noch schlechter, aber das ist nun wirklich ein schwacher Trost.

PS: Wenn man es will, könnte man (ohne dass es groß auf-fällt), fast alle Erwerbslosen allmählich aus der Statistik verbannen. Man bräuchte lediglich noch mehr Leute in ABM-Maßnahmen stecken oder zu Fortbildungen verpflichten. Natürlich ließe sich auch die Altersgrenze weiter herabsetzen. Denn 55-Jährige sind doch schließlich auch kaum noch vermittelbar. Oder etwa nicht?

Zu falschen Rückschlüssen und Forderungen führen auch unsere voller Stolz präsentierten Handelsbilanzüberschüsse (jährlich über 200 Milliarden Euro), die uns andere Staaten neiden und vorwerfen. Aber gibt es diese famosen Überschüsse überhaupt? Ist schon jemand auf die Idee gekommen, dass Exporte gerne erfunden oder aufgebauscht werden, um Steuererstattungen zu ergaunern? Und dass umgekehrt Importe liebend gerne kleingerechnet bzw. verschwiegen werden, um Zölle und Mehrwertsteuern einzusparen? Hat man berücksichtigt, was deutsche Reisende aus dem Ausland alles unverzollt einführen bzw. was Sparfüchse via Internet unversteuert übers Ausland beziehen? Man fragt sich, wo sind die billionenfachen Exportüberschüsse geblieben, die sich im Laufe der Jahrzehnte angesammelt haben sollen? Wohin haben sie sich verflüchtigt? Und (falls es sie tatsächlich gibt) was hat Otto Normalbürger von diesen Überschüssen? Werden davon Fabriken in fernen Ländern gebaut? Und wie kommt es eigentlich, dass ausländische Konzerne so gerne deutsche Schlüsseltechnologie-Unternehmen aufkaufen, während in umgekehrter Richtung kaum etwas läuft?

Auch in vielen anderen Bereichen kann ich den offiziellen Zahlen wenig abgewinnen. Ich glaube zum Beispiel nicht daran, dass Deutschland jährlich „mindestens" 500.000 Zuwanderer benötigt (unsere Bevölkerungsdichte ist schon heute doppelt so hoch wie in Polen oder Frankreich und gar zehnmal höher als in Schweden).

Auch unsere monatlich ermittelte Inflationsrate scheint mir wenig glaubhaft (dabei ist sie sehr wichtig, weil sich daraus die Einkommensentwicklung ableitet). Der imaginäre Warenkorb (die Grundlage aller Berechnungen) bleibt intransparent (ein gut gehütetes Geheimnis). Die Immobilienpreise und Mieten zum Beispiel sind vielerorts in die Höhe geschossen, günstige Wohnungen wurden teuer renoviert und damit für viele Altmieter unbezahlbar. Wo spiegelt sich das alles wieder? Ohne Transparenz kann (weitgehend unbemerkt) eine zu niedrige Inflationsrate aufgetischt werden (was die jährlichen Lohnverhandlungen beeinflussen würde).

Diese Beispiele mögen genügen, das Grundproblem aufzuzeigen. Klar ist: Getürkte Zahlen führen zu falschen Schlussfolgerungen und damit zu politischen Fehlentscheidungen (was den schleichenden Niedergang seit 1980 in fast allen westlichen Kulturen erklären könnte).

Die 2. These:
Warum auf Fairtrade verzichten?

Was hindert eigentlich souveräne Regierungen, nur noch Fairtrade-Produkte ins Land zu lassen? Und was hindert sie, Importe ohne Zertifikat hoch zu besteuern? Wer jetzt einwendet, das geht doch nicht, das wäre viel zu kompliziert: Fairtrade-Produkte haben wir doch schon, positive Beispiele gibt es zuhauf. Darauf könnte man aufbauen, Schritt für Schritt. Ein Produktbereich nach dem anderen könnte einbezogen werden. Und auch die Sondersteuer für unzertifizierte Waren könnte ganz allmählich angehoben werden (damit die Hersteller Zeit haben, sich auf den Fairtradehandel einzustellen). Was die Kontrollmöglichkeiten betrifft: Ein Fairtrade-Gesetz würde die Lieferketten der großen Hersteller transparenter machen, was heilsame Auswirkungen haben dürfte (weniger Betrugsmöglichkeiten, Produktfälschungen usw.). Eine kontrollwirksame Unterstützung darf auch von der Konkurrenz erwartet werden: Sie wird schon aus Eigeninteresse ein wachsames Auge auf ihre Mitbewerber werfen.

Die ewigen Bedenkenträger mögen natürlich keine Veränderung, es soll alles bleiben wie es ist, bloß kein Umdenken. Dabei ist bei einem allmählichen Kurswechsel kaum ein Risiko gegeben. Wenn es wider Erwarten irgendwo hakt, wird halt nachjustiert oder es wird abgewartet, bis belastbare Resultate vorliegen. Man kann doch nicht ewig weiterwursteln wie bisher und dann der eigenen Bevölkerung auch noch ein Schmarotzertum vorwerfen und ihr einreden „unser Wohlstand beruhe auf der Ausbeutung der Entwicklungsländer". Soll etwa

8

mit dem aufgebauten Schuldkomplex die millionenfache Aufnahme von Flüchtlingen gerechtfertigt werden? Jeder aufrechte Bundesbürger würde es begrüßen, wenn es in allen Teilen der Erde anständige Mindestlöhne, Umwelt-, Arbeitsschutz- und Sozialstandards gäbe.

Mit nationalen Fairtrade-Gesetzen ließen sich auch internationale Abkommen leichter durchsetzen. Wenn ein Staat zum Beispiel meint, es brauche das Pariser Umweltabkommen nicht unterzeichnen, erhöht sich halt die Fairtrade-Importsteuer. Angesichts dessen wird sich jede Regierung reiflich überlegen, ob eine Unterzeichnung nicht vielleicht doch sinnvoll wäre.

Die 3. These:
Die „internationale Arbeitsteilung" nicht schönreden!

Die internationale Arbeitsteilung ist im Grunde äußerst kontraproduktiv. Sie verursacht einen höheren Ressourcen- und Arbeitsaufwand und belastet die Umwelt. Denn es fallen unnötige Transportkosten an, es werden zusätzliche Dolmetscher, Juristen, Kontrolleure benötigt, es verlängern sich die Lieferzeiten, es vervielfachen sich Möglichkeiten der Produktfälschung, des illegalen Vertriebes, der Patentrechtsverletzungen usw.. Und insgesamt betrachtet verlieren die Regierungen mehr und mehr die Kontrolle über die eigene Volkswirtschaft und das Finanzsystem.

Für die Global Player rechnet sich die Auslagerung hauptsächlich wegen der großen Lohndiskrepanzen. Weil es trefflich gelingt, die Arbeitnehmer in den Billiglohnländern systematisch auszubeuten, werden Produktionsverlagerungen doch noch zum Erfolg. Ohne diesen Ausbeutungseffekt wäre die internationale Arbeitsteilung ein höchst unproduktiver Unfug. Der „Erfolg" der internationalen Arbeitsteilung folgt dem gleichen Prinzip wie der frühere Sklavenhandel. Müssten die edlen Markenartikler den Billiglöhnern einen halbwegs humanen Stundenlohn genehmigen, würde das System der internationalen Arbeitsteilung kollabieren.

Die 4. These:
Beseitigung der Exportabhängigkeit!

Besonders in Deutschland versucht man der Bevölkerung immer noch einzureden, unser aller Wohlstand basiere auf den Exporterfolgen. Dieser alte Irrglaube dogmatisiert das politische Denken und führt zu schwerwiegenden Fehlentscheidungen (begründet den seit 1980 anhaltenden Lohnrückgang). Was selten bedacht wird: Ein hoher Export bedingt auch eine hohe Importquote. Ein überflüssiger internationaler Warenaustausch schafft keine zusätzlichen Arbeitsplätze und ist im Grunde kontraproduktiv und umweltschädlich. Hinzu kommen Nachteile, die sich aus dem globalen Lohn- und Steuerwettbewerb ergeben. Und: Eine hohe Exportabhängigkeit macht einen Staat erpressbar, zum Spielball der Weltkonjunktur und des globalen Finanzkasinos.

Wer behauptet, ohne hohe Exportquote könne es keinen Wohlstand geben, weiß nicht was er sagt. Schon von der Logik her ist eine solche Wohlstandstheorie töricht. Einmal angenommen, es gäbe auf der Erde nur ein bewohnbares Land (zum Beispiel Deutschland, Frankreich, die USA oder China) und rundherum gäbe es nur Wüsten und Ozeane – wäre dann ein hoher Wohlstand unmöglich in Ermangelung eines Welthandels? Wohl kaum!

Die 5. These:
Zölle sind nichts Böses!

Die Verteufelung der Zölle ist an Hinterlist und Verlogenheit kaum zu überbieten. Man geißelt Zölle als Protektionismus, nutzt aber gleichzeitig jegliche Abartigkeiten, um die eigene Wirtschaft auf andere Weise vor dem ausländischen Dumpingwettbewerb zu schützen.

In Deutschland wird subventioniert bis zum Gehtnichtmehr, werden Exporte von der Mehrwertsteuer befreit und es werden industrielle Forschungen über Universitäten unterstützt. Desweiteren wird über den Euro Währungsdumping

betrieben und die Konzerne können aufgrund der EZB-Billig-
geldschwemme absurd günstige Kredite in Anspruch nehmen
(wobei Exporte oft noch großzügig über Staatsbürgschaften
abgesichert werden). Alle diese (und viele weitere) nicht im
Fokus stehenden Machenschaften erweisen sich als weit grö-
ßere Sünden als der offene und ehrliche Importzoll. Wobei der
Zoll den Riesenvorteil hat, dass er, anstatt hohe Kosten zu
verursachen, Einnahmen beschert (die der Senkung der Lohn-
nebenkosten dienen könnten).

Die Hochkulturen im Altertum verdankten ihren sagenhaf-
ten Reichtum meist dem Zoll – und vor dem 1. Weltkrieg be-
stritt das aufstrebende deutsche Kaiserreich den Löwenan-
teil seiner Einnahmen ebenfalls aus dem Zoll. Heute ist das
alles vergessen, die internationale Kapitallobby mit den ihnen ergebenen Medien und „Wirtschaftsforschungsinstituten"
hat es verstanden, den Zoll zu ächten und als illiberal hinzu-
stellen. Wohl wissend, dass der Zollfreihandel ihnen grenzenlose Macht beschert und die Regierungen der Nationalstaaten zu Bittstellern degradiert.

Also Schluss mit der grotesken Zollphobie! Bei globalen
Lohn- und Steuerunterschieden von über 1000 Prozent sind
ausgleichende, für mehr Gerechtigkeit sorgende Zölle nun
wirklich nichts Verwerfliches, sondern sachlich betrachtet eine
absolute Notwendigkeit, eine Notwehrmaßnahme (damit heimische Hersteller eine Chance haben, mit dem Ausland zu
konkurrieren).

Die 6. These:
Die Bevölkerungsexplosion
thematisieren!

Die Weltbevölkerung hat sich in gut 100 Jahren vervierfacht.
Heute leben auf der Erde ca. 7,5 Milliarden Menschen, obwohl bezüglich Umwelt und Ressourcen nur drei Milliarden
verkraftbar wären – zumindest wenn man den westlichen
Lebensstandard als angemessen betrachtet.

Armut, Elend, Hunger, Bürgerkriege und Völkerwanderun-
gen sind oft Auswüchse der Übervölkerung. Deshalb geht es
nicht an, wenn ein derart zentrales Problem weitgehend ta-

buisiert wird. Die Folgen der ungezügelten Bevölkerungsexplosion müssen in den Vordergrund rücken, damit sich in allen Kulturen und Religionen ein entsprechendes Verantwortungsbewusstsein aufbaut. Unsere Medien und Politiker dürfen nicht aus falsch verstandener Rücksichtnahme schweigen oder um den heißen Brei herumreden.

Tagtäglich werden die Bundesbürger mit der hässlichen deutschen Vergangenheit konfrontiert und an die Erbsünden ihrer bösen Vorväter erinnert (im ewigen Kampf um das Vergessen) – aber das tausendmal wichtigere Übervölkerungsproblem findet keine Resonanz. Das muss sich ändern!

Kapitel II

Die Macht der Konzerne einschränken!

Die 7. These:
Mindestertragssteuern für Großunternehmen!

Viele internationale Konzerne mit Milliardenumsätzen in Deutschland zahlen hier keine oder nur geringe Ertragssteuern (weil sie ausgerechnet hier angeblich keine Gewinne erwirtschaften). Wieviele Jahrzehnte schaut man sich dieses skandalöse Treiben nun schon an? Warum müssen nicht grundsätzlich Unternehmen, die im Jahr mehr als 100 Millionen Euro in Deutschland umsetzen, als unterste Grenze eine drei- oder vierprozentige Mindestertragssteuer entrichten? Dann könnten sich so manche den dubiosen Zirkus mit anrüchigen Steueroasen ersparen.

Wer als Großkonzern nicht in der Lage ist, nachhaltige Gewinne zu erzielen, hat meines Erachtens in einem kapitalistischen System keine Daseinsberechtigung. Es ist nicht einzusehen, warum solche wirtschaftlichen Zombies allein aufgrund ihrer Größe seriöse, steuerzahlende Mittelständler plattmachen. Die Gewinnerzielung gehört zum Grundprinzip des Kapitalismus. Konzerne, die dieses System unterwandern, schaden weit mehr als sie nutzen, sie mutieren zum Krebsgeschwür einer Marktwirtschaft.

Die 8. These:
Einführung einer Monopolsteuer!

Ständig ist vom fairen Wettbewerb und von einer Chancengleichheit die Rede. Wie aber sieht die Wirklichkeit aus? Wie kann ein mittelständisches Unternehmen mit 50 Beschäftigten gegen einen Konzern mit 10.000 Mitarbeitern bestehen? Schon im Steuerbereich ist der Konzern dem Mittelständler haushoch überlegen. Weil er internationale Schlupflöcher nutzen und sich ein Team der besten Steuerexperten leisten kann. Auch Subventionen kann ein Großunternehmen mit seinen Spezialistenteams besser abgreifen. Und was die Standortbedingungen betrifft (Verkehrsanbindung, günstige Gewerbegrundstücke, unterstützende Forschungen an den Universitäten usw.) wird den Giganten natürlich auch ganz anders unter die Arme gegriffen.

All diese marktverzerrenden Privilegien rechtfertigen meines Erachtens eine Art Monopolsteuer, die auf heimische und importierte Produkte (und Dienstleistungen) der Wirtschaftsriesen aufgeschlagen wird. Durch dieses System bleibt der Standort Deutschland unbelastet und niemand kann sich durch ein Outsourcing aus der Sache herausmogeln.

Sowohl die Monopol- als auch die Mindestertragssteuer sind beidermaßen wichtig. Man sollte sie nicht in einer Steuer vereinen, weil sie unabhängig voneinander greifen und weil sie ein Beleg dafür sind, wie unbestechliche Politiker und Regierungen sich ernsthaft für die Kultivierung des Kapitals einsetzen. Die Mindestertragssteuer braucht man, um unrentable Firmen aus dem Rennen zu nehmen (um den natürlichen Regenerierungsprozess zu bewahren) bzw. das Parasitentum (die Steueroasen) auszutrocknen. Konzerne sollen angemessene Ertragssteuern zahlen – so wie es bei den Mittelständlern ganz selbstverständlich ist. Das ist ein logischer Akt der Gerechtigkeit! Und die Monopolsteuer ist eben dazu da, die Übermacht der Konzerne, die sich aus dem Kapitalismus leider zwangsläufig ergibt, auszugleichen. Wer eine faire Marktwirtschaft will, wird kaum umhin kommen, in diese Richtung zu denken und zu handeln. Sonst wird die Welt in wenigen Jahrzehnten beherrscht von multinationalen Konzernen, die unsere Regierungen drangsalieren und zu Marionetten degradieren.

Die 9. These:
Die Eindämmung des Filialunwesens!

Ist es für den Verbraucher von Vorteil, wenn sich einige wenige Handels-, Gastronomie-, Hotel- oder Dienstleistungsketten den Markt in Deutschland untereinander aufteilen und inhabergeführte Geschäfte zur Rarität oder zum Kuriosum verkommen?

Wir beklagen mit Recht die Monotonie in unseren Innenstädten, die einhergeht mit der Standardisierung des Angebots. Aber wir machen uns selten Gedanken darüber, was dieses Artensterben eigentlich für den freien Wettbewerb bedeutet. Ist es wirklich so toll, wenn man in jeder Stadt die gleichen Hamburger bekommt, die gleichen Pizzen, die gleichen Lebensmittel, Kleider und Schuhe? Wie erpressbar sind Hersteller, wenn ein Großabnehmer droht, Sortimente aus dem Programm zu nehmen (falls der Lieferant nicht Sonderrabatte gewährt, Werbungskosten übernimmt, Regalmieten zahlt)? Ganz ehrlich: Ich halte die Entwicklung der letzten vier Jahrzehnte für eine Perversion – einer modernen, humanen Zivilgesellschaft unwürdig.

Warum wurde nicht längst gegengesteuert und eine gestaffelte Filialsteuer eingeführt? Etwa so: Ab 30 Filialen eine zusätzliche Umsatzsteuer von drei Prozent, ab 100 Filialen eine von fünf Prozent und ab 500 Filialen eine von sieben Prozent. Gesunde Großfilialisten würden mit dieser Zusatzabgabe klarkommen – kränkelnde Unternehmen der leistungsfähigeren Konkurrenz bzw. innovativen Einzelhändlern Platz machen.

Verringert sich für den Verbraucher durch eine Filialsteuer die Kaufkraft bzw. der Lebensstandard? Mitnichten! Denn die zusätzlichen Einnahmen werden ja nicht verbrannt oder veruntreut. Die Einnahmen würden sinnvollerweise verwendet, die hohen Sozialversicherungsbeiträge abzusenken (den Sozialstaat mehr über Steuern zu finanzieren).

Die 10. These:
Das Subunternehmertum einschränken!

Wie drückt man erfolgreich die Lohnkosten im ständig tobenden Verdrängungswettbewerb? Es wundert nicht, wenn Großunternehmen im unentwegten Überlebenskampf auf die Idee kommen, wichtige Bestandteile ihres Geschäfts in tariflich ungebundene Subunternehmen auszulagern, die dann wiederum wichtige Aufgaben an Scheinselbständige delegieren. Wie perfekt dieses System funktioniert, kann man am besten bei den Paketdiensten beobachten.

Natürlich könnte der Gesetzgeber eingreifen und diesen Wildwuchs erfolgreich bekämpfen. Den betroffenen Konzernen käme ein solches Gesetz vielleicht nicht einmal ungelegen. Es könnte durchaus sein, dass auch sie lieber anständige Löhne zahlen (was aber der harte Konkurrenzkampf bislang nicht zulässt). Würden alle Mitbewerber sich an geltende Tarife halten müssen, hätte niemand das Nachsehen. Sollte etwas durch faire Löhne teurer werden, wird sich das Kaufverhalten vielleicht geringfügig ändern. Das aber ist nun einmal auch das Prinzip einer Marktwirtschaft – der unmanipulierte Preis soll die Nachfrage steuern. Damit erzielt man die höchstmögliche Effizienz und Produktivität – also den größtmöglichen Wohlstand.

Die 11. These:
Wiederbelebung der Preisbindung!

Bis in die 1970er Jahre hinein galt in Deutschland in vielen Bereichen eine strikte Preisbindung (die gibt es heute nur noch bei Büchern und Zeitschriften). Der Hersteller bestimmte die Verkaufspreise und alle Händler hatten sich danach zu richten. Preisschlachten, wie wir sie heute erleben, gab es damals nicht. Hat nun die Aufhebung der Preisbindung dem Verbraucher etwas gebracht, wurden die Waren dadurch billiger?

Nein, eigentlich nicht. Erstaunlicherweise! Denn aus der Freigabe entwickelte sich ein irrer (kontraproduktiver) Verdrängungswettbewerb, den vor allem die Großfilialisten überlebt haben (die meisten inhabergeführten Existenzen wurden vernichtet). Noch heute werden Unsummen in die Werbung und ins Marketing gesteckt (volkswirtschaftlich gesehen weitgehend verbranntes Geld).

Besonders gravierend sind die Auswirkungen auf die Lebensqualität der Konsumenten. Sie befinden sich in einer permanenten Stresssituation, müssen viel Zeit vergeuden, um Prospekte zu studieren und Preise zu vergleichen – um ja nicht

„zu viel" zu bezahlen. Und die fachliche Beratung bleibt dabei weitgehend auf der Strecke (bei den mageren Renditen sind diese kaum noch bezahlbar).

Weitere böse Auswirkungen: Den Tante-Emma-Laden um die Ecke gibt's schon lange nicht mehr (den kleinen Plausch mit dem Kaufmann auch nicht). Selbst hochbetagte Rentner sind heute bei ihrem Einkauf weitgehend auf ein Auto angewiesen (eine schwere Hypothek bezüglich Städteplanung und Umweltbelastung).

Durch die Aufhebung der Preisbindung können Handelsriesen regionale Hersteller dermaßen unter Druck setzen, dass viele von ihnen keine gesunden Renditen mehr erwirtschaften (also auf Gedeih und Verderb den Großabnehmern ausgeliefert sind).

Weiterer Druck wird inzwischen über das Internet aufgebaut. Seit 40 Jahren bin ich Inhaber eines Versandhauses für Fotozubehör. Meine Erfahrungen: Es gibt vermutlich kaum einen Fotoartikel, der in den „Preissuchmaschinen" nicht 10 oder 20 Prozent unter dem regulären deutschen Händlereinkaufspreis feilgeboten wird.

Wie das funktioniert? „Findige" Händler kaufen irgendwo in der Welt Grauimporte und Überbestände, bekommen dabei oft aber Produktfälschungen oder II.-Wahl-Artikel untergeschoben. Oder sie entledigen sich über getürkte Exporte (Karussellgeschäfte) der leidigen Mehrwertsteuer. Oder sie missbrauchen ihren Einkaufsvorteil als Generalimporteur (der sie verpflichtet, in ihrem Heimatland ein Vertriebsnetz aufzubauen, die Produkte zu bewerben, die Händler zu betreuen und Garantieansprüche zu erfüllen), um vertragswidrig (entgegen dem üblichen Gebietsschutz) mit einem eigenen Versandshop in einem Nachbarstaat zu wildern.

Schon heute gehen dem deutschen Fiskus jährlich hohe Milliardensummen durch ausländische Versender verloren. Falls der Staat nicht eingreift kann es durchaus sein, dass es in 20 Jahren in vielen Bereichen kaum noch seriöse Händler in Deutschland gibt und ein Großteil der Ware über ausländische Versender ins Land gelangt, vorbei am deutschen Fiskus. Zur Kompensierung der fehlenden Mehrwertsteuer-Einnahmen müsste dann vermutlich die Lohn- und Einkommensteuer angehoben werden.

Würde dann nicht alles teurer werden?

Die meisten Menschen kennen sich, was wirtschaftliche Zusammenhänge betrifft, überhaupt nicht aus. Wenn die Rede ist von Steuererhöhungen (Monopolsteuer, Mehrwertsteuer), vom globalem Mindestlohn, Fairtrade und anderen Maßnahmen (Verbot der Massentierhaltung, Milchpreisgarantie), befürchten sie gleich eine Teuerungswelle. Sie sehen halt nur das Belastende, ohne an die positiven Folgewirkungen zu denken. Bezüglich der Steuererhöhungen ist der entlastende Faktor (zum Beispiel die Kürzung der Sozialversicherungsbeiträge) noch einigermaßen offensichtlich. Schwieriger wird es, andere Maßnahmen einzuschätzen.

So verursachen zum Beispiel fast alle Subventionen eine empfindliche Störung der marktwirtschaftlichen Selbstheilungskräfte. Es kommt zu Fehllenkungen und unrentablen Investitionen, zur Monopolisierung, zur Erpressung der Staaten und Arbeitnehmer, während gleichzeitig die Dividenden und Aktienkurse der Nutznießer in die Höhe schnellen.

Wir wissen heute, dass die wirtschaftspolitischen Weichenstellungen seit Ende der 1970er Jahre insgesamt gesehen kontraproduktiv waren (Senkung der Arbeitseinkommen und Renten trotz Verdoppelung der Produktivität). Globalisierung, EU und Euro brachten also nicht das, was uns hoch und heilig von unseren gewählten Volksvertretern versprochen wurde.

Es gilt, aus den Fehlern der Vergangenheit zu lernen, nicht aber den eingeschlagen Irrweg mit allen Mitteln schönzureden und zu verteidigen. Erfolgversprechende Reformen müssen ihre Bewährungschance bekommen und dürfen nicht aus wahltaktischem Kalkül verteufelt werden. Die engstirnige Angst um die eigenen Pfründe beherrscht weltweit das politische Denken. Die Furcht, auf ihren Vorteil bedachte Wähler, Parteimitglieder oder Großspender zu verprellen, lähmt jegliche Reformbereitschaft. Unsere Demokratie befindet sich längst im Würgegriff des Lobbyismus und niemand scheint ernsthaft bereit, dagegen einzuschreiten.

Kapitel III:
Unterentwickelte Staaten fördern!

Die 12. These:
Vor allem unterentwickelte Staaten brauchen einen Zollschutz!

Wie soll ein industriearmer Staat eine eigene Produktion aufbauen, wenn der Inlandsmarkt mit Dumpingimporten überschwemmt wird? Das ist doch fast ein Ding der Unmöglichkeit! In Entwicklungsländern ist die Kaufkraft ohnehin gering, wenn dann noch das wenige Geld für Importe ausgegeben wird, bleibt für die eigene Wirtschaft kaum etwas übrig.

Heimische Hersteller können nun einmal in der Aufbauphase nicht gleich auf Weltniveau produzieren. Um ins Geschäft zu kommen, müssen sie ihre Waren günstiger anbieten als die ausländische Konkurrenz. Bis auf einige Ausnahmen (Maschinen usw.) sollten deshalb Importe zunächst hoch verzollt werden. Dann kann sich die heimische Wirtschaft in einer Art Schutzzone in Ruhe entwickeln. Und der Staat hat über den Zoll notwendige Einnahmen, um eine vernünftige Infrastruktur aufzubauen.

Zur Erläuterung ein Beispiel: Den Europäern wird vorgeworfen, afrikanische Bauern mit Dumpingpreisen (Fleisch, Geflügel usw.) die Existenz zu rauben. Wo aber liegt das Problem? Ist etwas zu billig, kann der Staat über Einfuhrzölle für einen Ausgleich und Gerechtigkeit sorgen (eine tolle Einnahmequelle). Günstige Einstandspreise, an dem der Staat noch etwas (über Zölle) verdienen kann, sind doch allemal besser, als würden europäische Lieferanten von vornherein hohe Preise verlangen. Ich bin zwar grundsätzlich auch gegen die europäische Subventionspolitik, aber in diesem Fall schadet sie Afrika nun wirklich nicht (nur den Europäern).

Die 13. These:
Nicht kleckern, sondern klotzen!

Jahrzehntelang lief die Entwicklungshilfe für Afrika nach dem Gießkannenprinzip. Fast jeder Staat wurde bedacht, gefördert wurden einzelne Projekte und kritische Erfolgskontrollen waren die Ausnahme. So versickerte das meiste Geld in der Korruption oder landete auf ausländischen Konten der Machthaber. Diese Art von Entwicklungshilfe halte ich für weitgehend nutzlos. Deutschland sollte seine Hilfe auf einzelne Staaten konzentrieren und nur denen etwas geben, die Reformbereitschaft und auch bezüglich der Geburtenrate Einsicht zeigen.

Sinnvoll wäre, in diesen Musterstaaten ein Rentensystem nach deutschem Vorbild (Generationenvertrag) zu etablieren, wobei Deutschland in der Anfangsphase den Hauptanteil der Lasten tragen könnte. Da die Lebenshaltungskosten in Afrika minimal sind, könnte eine monatliche Rente von 50 Euro bereits wahre Wunder wirken. Sie würde zusätzliche Kaufkraft in das Land pumpen und gleichzeitig die traditionelle Altersversorgung durch die Kinder entbehrlich machen. Dieser Wandel hat auch einst in Europa zu einem Umbruch geführt und das Bevölkerungswachstum nachhaltig gestoppt.

Die 14. These:
Warum das grenzenlose Anspruchsdenken auch noch schüren?

So manche Afrikaner fühlen sich recht wohl in ihrer Opferrolle. „Der Westen hat Schuld" – eine bessere und bequemere Ausrede für die eigene Trägheit und Mutlosigkeit kann es kaum geben. Auslöser für das weitverbreitete Anspruchsdenken sind oft anklagende Reportagen in westlichen Medien (vor allem im Fernsehen). Sie übermitteln immer wieder die gleiche Botschaft: Schon in grauer Vorzeit litt Afrika unter dem Sklavenhandel, dann kam die Kolonialisierung und heute sind es Konzerne und die internationale Finanzwelt, die den Kontinent ausbeuten.

Doch diese schuldzuweisende Sicht, die Afrikanern suggeriert, sie hätten einen moralischen Anspruch auf ein Leben in einem europäischen Wohlfahrtsland, ist ausgesprochen einseitig. Und sie nützt niemandem, sie weckt nur unerfüllbare Begehrlichkeiten. Denn das eigentliche Handicap des rohstoffreichen Kontinents sind nicht die Schicksale der Vergangenheit (die hatte Europa in anderer Form auch zu überstehen), sondern die derzeitigen politischen Verhältnisse. In den meisten Staaten Afrikas grassiert noch immer die Korruption und die Vetternwirtschaft, es mangelt am Rechtsbewusstsein, an der Rechtsstaatlichkeit (die ausländischen Investoren Sicherheit garantiert), an der Bekämpfung der Kriminalität, an der Bildung, am Arbeitseifer, an religiöser Toleranz, am Gleichheitsprinzip, an der Gleichberechtigung usw..

Es wäre zudem unredlich, den „reichen" Industriestaaten nur Schlechtes zu unterstellen. Denn deren Regierungen geben seit Generationen Unsummen an Entwicklungshilfen, lassen sich des öfteren zu Schuldenerlassen breitschlagen, schicken trotz aller Gefahren Blauhelmtruppen, Ärzte, Ingenieure, Aufbau- und Entwicklungshelfer.

Vor allem aber (was meistens übersehen wird): Die enormen Investitionen in die Wissenschaft, Forschung und die Neuentwicklung von Produkten eröffnen auch Afrika ganz neue Perspektiven. Telefon- und Stromnetze zum Beispiel können sie jetzt dank neuer Techniken (Smartphones, Solarstrom usw.) ohne aufwendige Leitungen nutzen (sie können also mehrere Entwicklungsstufen überspringen).

Eigentlich wäre es bei den heutigen Möglichkeiten ein Klacks, den Lebensstandard in den afrikanischen Staaten an das europäische Niveau heranzuführen. Es müssten halt nur die bereits erwähnten Grundübel (Korruption, Kriminalität, Rechtlosigkeit usw.) beseitigt werden. Das aber kann nicht Aufgabe des Westens sein, zumal schon mehrmals der Versuch gescheitert ist. Deutschland zum Beispiel hat vor dem 1. Weltkrieg viel Kraft und Geld in den Aufbau seiner Kolonien gesteckt (die damals übliche Form der Entwicklungshilfe). Noch heute wird dieses Engagement unserem Staat vorgeworfen. Man spricht sogar von Völkermord (obwohl durch den Aufstand der Hereros auch hunderte deutsche Soldaten umkamen) und verlangt Wiedergutmachungen.

Anstatt immer nur die westlichen Gesellschaften anzuklagen („ihr seid Schuld an der Misere"), sollten unsere aufwiegelnden Reporter und Fernsehmacher lieber mehr an die eigenen Selbstheilungskräfte erinnern. In der Bibel heißt es, „Gott hilft dem, der sich selber hilft". Bei uns wird aber meist nur an die christliche Nächstenliebe appelliert: „Menschlichkeit kennt keine Grenzen!". Mit derlei Phrasen werden wir permanent in die Pflicht genommen (auch in der Flüchtlingsfrage).Unsere ständigen selbstanklagenden und selbstverpflichtenden Appelle werden natürlich auch in Afrika und Asien wahrgenommen. Und so ist es dann kein Wunder, wenn die Menschen dort daraus das Recht ableiten, bei uns aufgenommen zu werden.

Die 15. These:
Völkerwanderungen lösen nicht die Probleme!

Brauchen wir endlich einen legalen Zugang zur EU, wie manche Spitzenpolitiker lautstark anmahnen? Es ist schon erstaunlich, was Volksvertreter meinen, ihren Bürgern zumuten zu dürfen.

Sicher, unsere Politprominenz sieht die Welt aus einem anderen Blickwinkel. Wenn man das fünf- oder zehnfache Einkommen eines Normalverdieners hat, ist das auch kein Wunder. Und verständlich auch, wenn Politstars mit großherzigen Angeboten an die Weltgemeinschaft ihr internationales Image aufpolieren möchten (ganz im Gegensatz zum „bösen" Donald Trump).

Aber den Wählern erweisen diese Auserwählten mit ihrer Spendierfreudigkeit meist einen Bärendienst. Denn es ist letztlich Otto Normalverdiener, der für alles aufkommen muss. Die eine Million Flüchtlinge, die Deutschland allein im Jahr 2015 aufgenommen hat, verursachen einen jährlichen Kostenaufwand von schätzungsweise 40 Milliarden Euro. Die hohe jährliche Zuwanderung hat also erhebliche Auswirkungen auf das Nettoeinkommen der Arbeitnehmer und ist mit ein Grund für die seit 1980 zu beobachtenden Reallohneinbußen der Erwerbstätigen.

Noch kann das wahre Ausmaß der finanziellen Belastungen über die Druckerpresse (die Billiggeldschwemme der EZB) kaschiert werden. Aber irgendwann ist Zahltag, dann muss die Geldmenge wieder reduziert und müssen die Zinsen angehoben werden (die EZB wird nicht ewig mit frisch generiertem Geld die Staatsanleihen überschuldeter Mitgliedsländer aufsaugen können). Was geschieht dann? Zwar wurde der Flüchtlingsstrom durch Abschottungsmaßnahmen zwischenzeitlich eingedämmt, aber immer noch strömen jedes Jahr ca. 200.000 zumeist ungebildete Flüchtlinge nach Deutschland (zusätzlich zu den Hunderttausenden Arbeitsmigranten, die Jahr für Jahr aus benachbarten EU-Staaten zu uns kommen). Die daraus resultierende finanzielle Belastung steigt also weiterhin, denn nur relativ wenige Flüchtlinge werden irgendwann einmal ihren Lebensunterhalt selbst verdienen können.

Eine Vereinfachung und Legalisierung der Asylaufnahme dürfte die Zahl der Flüchtlinge wieder anschwellen lassen. Wie weit will man die Geduld der eigenen Bevölkerung noch strapazieren? Und wie lange will man noch den weltweit drei Milliarden im Elend lebenden Menschen falsche Hoffnungen machen? Europa (und wenn man nebulös von Europa spricht ist in erster Linie Deutschland gemeint) kann nicht die Probleme dieser Welt lösen! Den Hungerleidern einzureden, sie hätten einen moralischen Anspruch darauf, bei uns aufgenommen zu werden (bzw. sie hätten eine reale Chance, hier einen gut bezahlten Job zu finden), ist mehr als fahrlässig.

Die 16. These:
Deutschland ist kein Einwanderungsland!

Und wird es auch niemals sein können, auch wenn so manche Multikultifans es gerne hätten.

Weltweit gibt es nur drei echte Einwanderungsländer – nämlich die USA, Kanada und Australien. Was haben diese drei Staaten gemein? 1. Es handelt sich um riesengroße Flächenländer. 2. Die Bevölkerungsdichte ist selbst nach 200jähriger Zuwanderung noch immer sehr gering. 3. Die Ureinwohner wurden in diesen Staaten verdrängt, dezimiert bzw. weitgehend ausgerottet (deren Kulturen sind weitgehend aus-

gestorben). 4. Es gibt dort ein strenges Auswahlverfahren und
die Migranten erhalten zumeist keine staatliche Unterstützung (sind also ganz auf sich selbst gestellt). Deutschland er-
füllt keine der vier Kriterien und taugt somit absolut nicht
als Einwanderungsland. Das sollte man vielleicht endlich einmal zur Kenntnis nehmen.

Soeben höre ich in den Nachrichten, wie stark doch Deutschlands Sozialausgaben ansteigen (2017 auf über 900 Milliarden Euro). Man versucht, die Rentner bzw. die demografische
Entwicklung dafür verantwortlich zu machen. Dabei sind die
Nettorenten in den vergangenen 20 Jahren drastisch gekürzt
worden und das Renteneintrittsalter wurde nach oben ver-
schoben. Die Altersstruktur kann also nun wirklich nicht der
wahre Grund für die Kostenexplosion sein. Auch hier mangelt es wieder an der Ehrlichkeit und Aufrichtigkeit.

Unsere arglosen Gutmenschen sollten endlich einsehen,
dass Deutschland weder ein Einwanderungsland noch das
Sozialamt dieser Welt sein kann. Schon 1992 warnte Altkanz-
ler Helmut Schmidt (der ja nun bestimmt kein rechtsradikaler Dummkopf war) „aus Deutschland mit einer immerhin
1000jährigen Geschichte seit Otto I. nicht nachträglich einen
Schmelztiegel zu machen".

Kapitel IV

Landwirtschaft und Klimaschutz

Die 17. These:
Mehr Ehrlichkeit beim Klimawandel!

Seit Jahrzehnten müht sich die Staatengemeinschaft um internationale Umweltabkommen. Über unverbindliche Absichtserklärungen sollen die teilnehmenden Staaten garantieren, ihren CO_2-Ausstoß in den nächsten Jahrzehnten zu verringern.

Doch bei all diesen Umtrieben hört man kaum etwas über das grundlegende Problem – die Bevölkerungsexplosion. Natürlich belasten 7,5 Milliarden Menschen (die derzeit auf der Erde leben), unsere Umwelt weit mehr als 1,7 Milliarden (die es im Jahre 1900 gab). Warum wird der mit Abstand wichtigste Faktor aus der öffentlichen Klimadiskussion herausgehalten?

Der westlichen Welt wird trotz aller Mühen und Investitionen in die Forschung immer wieder die Hauptschuld am Klimawandel untergejubelt. Dabei könnten problemlos drei Milliarden Menschen (so viele gab es 1950) im Wohlstand leben, ohne unseren Planeten nachhaltig zu schädigen. Die ungezügelte Fortpflanzung in Entwicklungsländern scheint mir nicht weniger verwerflich (und egoistisch) als die unbekümmerte Verschwendungssucht der „zivilisierten" Welt. Statistiker erwarten in den nächsten 25 Jahren eine weitere Verdoppelung der Bevölkerung in Afrika. Darf das ewig so weitergehen?

Die 18. These:
Umweltschutz:
Steuern statt Subventionen!

Wir brauchen eine Energiewende – soviel steht fest. Doch die teure, an die kommunistische Planwirtschaft erinnernde Subventionspolitik halte ich für grundlegend falsch.

Besser wäre, fossile Brennstoffe stärker zu besteuern. Wenn ein Liter Benzin drei Euro kostet, würden sich spritsparende Autos oder alternative Antriebe ganz von allein (ohne Subventionen) durchsetzen. Der freie Markt bringt noch immer die besten Resultate. Er sorgt dafür, dass sich die effizientesten und schadstoffärmsten Energiesysteme durchsetzen und das Umwelt- und Kosten-Nutzenbewusstsein der Bevölkerung geschärft wird. Jeder Verbraucher fragt sich dann: Tut es nicht auch ein sparsameres Auto, rentiert sich die Neuanschaffung eines energiesparenden Kühlschranks, die Standby-Abschaltung, lohnt sich der Umzug in eine kleinere (bzw. näher am Arbeitsplatz gelegenen) Wohnung?

In meinem Bekanntenkreis registriere ich, wie aufgrund der hohen staatlichen Zuschüsse oft zigtausend Euro in die nachträgliche Wärmedämmung des Hauses investiert werden – um am Ende vielleicht 100 Euro pro Jahr an Heizkosten zu sparen. Es soll mir niemand einreden, dies sei energetisch sinnvoll.

Letztens habe ich mir ein 35 Jahre altes Haus angesehen, das zum Verkauf anstand. Im Keller befand sich eine topgepflegte, auf den neuesten technischen Stand gebrachte Ölheizungsanlage (der Besitzer war Ingenieur auf dem Gebiet). Der Gesetzgeber schreibt nun vor, dass bei einem Besitzerwechsel die Ölheizungsanlage erneuert werden muss – weil sie über 30 Jahre alt ist. Was für ein Unsinn, was für eine Vergeudung, welch ein Umweltfrevel! Der energetische Aufwand für die neue Heizung ist vermutlich höher als alles, was in den nächsten 40 Jahren durch die 12.000 Euro teure Neuanlage an Energie gespart werden könnte. Warum lässt man den Markt nicht entscheiden (über eine höhere, nach Schadstoffklassen gestaffelte Steuer für fossile Brennstoffe). Dann könnte man sich überflüssige, kostentreibende Vorschriften sparen.

Regulierende Fördermaßnahmen (Subventionen) seitens der Regierung verursachen fast immer teure Irrwege und verbrennen Unsummen an Steuergeldern. Regulierende Steuern dagegen setzen die natürlichen Marktkräfte in Gang. Leider wird eine Bezinsteuererhöhung sofort ärgerlich registriert, während die indirekte Subventionsabzocke kaum auffällt. Dabei täuscht sich der Verbraucher häufig, was die wahren Kosten angeht. Denn Subventionen müssen letztlich auch irgendwie aufgebracht werden (über Steuergelder natürlich) – wenn auch indirekt, so dass der Staatsbürger es kaum mitbekommt.

Fossile Energiesteuern dagegen (die eine weit effizientere Lenkungsfunktion haben) bescheren Einnahmen, die den Bürger an anderer Stelle wieder entlasten (zum Beispiel zur Senkung der Sozialversicherungsbeiträge führen).

Der technologische Fortschritt (und nicht die staatliche Planungs-/Subventionsbehörde) sollte darüber entscheiden, welche Antriebs- und Energieformen sich weltweit durchsetzen. Es kann zum Beispiel durchaus sein, dass ein mit Autogas (das ja nahezu schadstofffrei sein soll) betriebener Pkw eine bessere Umweltbilanz aufweist als ein gleich großes Elektroauto.

Die 19. These:
Den Schiffsdiesel entschwefeln!

Es ist ein Unding, dass die Motoren der Ozeanriesen immer noch mit unsauberem Schweröl betrieben werden dürfen! Vor allem die großen Hafenstädte haben darunter zu leiden. Eigentlich müsste die UNO für Abhilfe sorgen, doch das wird ihr wegen der starken Lobbyinteressen kaum gelingen.
Aber zumindest die EU müsste doch so etwas hinbekommen. Sie könnte vereinbaren, dass große Container- und Kreuzfahrtschiffe doppelte Anlegegebühren zahlen, falls sie ungereinigtes Rohöl verwenden. Und sollte die EU selbst das nicht hinbekommen, könnte Deutschland von sich aus mit einer solchen Initiative starten. Unsere Regierung bräuchte sich eigentlich nur mit den Niederlanden (der direkten Konkurrenz) abstimmen. Und das wird doch wohl noch hinzubekommen sein.
Wer nun schon wieder jammert, der entschwefelte Schiffsdiesel würde doch die Transporte verteuern, dem ist wirklich nicht zu helfen. Denn erstens sind die Mehrkosten überschaubar und zweitens muss man auch die Einsparungen (geringere Umweltbelastung) einkalkulieren.

Die 20. These:
Garantiepreise für landwirtschaftliche Produkte!

Die Gesetze unserer Regierungen (vor allem der grenzenlose, weitgehend zollfreie Freihandel) hat in den letzten Jahrzehnten die meisten deutschen Landwirte zur Aufgabe gezwungen bzw. in den Ruin getrieben. Auch heute noch malocht ein Großteil der landwirtschaftlichen Familienbetriebe für einen Hungerlohn, weit unterhalb des gesetzlichen Mindestlohnes für Arbeitnehmer. Das Dilemma: Wer schnell verderbliche Ware an den Mann bringen muss, sitzt am kürzeren Hebel. Vor allem, wenn ausländische Billigware ständig den Markt überschwemmt.

Wie abgebrüht müssen Politiker sein, wenn sie dieses Elend seit einem halben Jahrhundert akzeptieren und keine Anstalten machen, die Situation für die Landwirte zu verbessern. Meint man wirklich, man sei auf den Erhalt einer eigenen Landwirtschaft nicht angewiesen, man könne doch jederzeit die Lebensmittel günstig importieren?

Was aber würde man machen im Falle einer globalen Dürrekatastrophe? Glaubt man, unsere ausländischen Dumpinganbieter wären dann noch bereit, das knappe Gut an die treue Kundschaft im Ausland abzugeben? Dann stünde doch wohl die Versorgung der eigenen Bevölkerung zunächst einmal im Vordergrund.

Warum also kann der Staat nicht einen quotenabhängigen Garantiepreis festlegen. Beispielsweise 40 Cent für den Liter Rohmilch (bei Überschreitung der Quote gibt's für die überschüssige Menge nur die Hälfte). Sollte zu viel Ware aus dem Ausland auf den Markt drücken, müssten die Einfuhren halt begrenzt oder ausreichend verzollt werden. Einfache Steuerungsmechanismen gäbe es zur Genüge. Man muss es nur wollen.

Die 21. These:
Die Massentierhaltung verbieten!

Kann die Spezies Mensch nur überleben, indem es Tiere quält?

Man ist doch früher ohne die Massentierhaltung ausgekommen, warum sollte das heute nicht mehr möglich sein?

Bei Hühnern hat sich die Freilandhaltung mehr und mehr durchgesetzt, sogar auf freiwilliger Basis. Aber warum nicht noch einen Schritt weitergehen und die beengte Boden- und Käfighaltung völlig untersagen? Warum nicht grundsätzlich die Zahl der Tiere in einem Betrieb auf ein überschaubares Maß beschränken? Dann könnten sich auch Tierseuchen nicht so schnell ausbreiten, das Verlustrisiko wäre geringer und es müssten weniger prophylaktische Antibiotika verabreicht werden.

Würden die gigantischen Geflügelfarmen, Schweine- und Rindermastbetriebe auf eine natürliche Betriebsgröße zurechtgestutzt, dürften die Fleischpreise etwas anziehen. Aber in welchem Jahrhundert leben wir denn? Ist die Völlerei uns wichtiger als das Wohl der Tiere? Ist es unzumutbar, notfalls den Fleischkonsum ein wenig einzuschränken?

Die 22. These:
Lasst Jungtiere am Leben!

Wäre es unserer Bevölkerung zumutbar, auf den Verzehr von Jungtieren zu verzichten? Unsere sich so unendlich human gebenden Parteien scheinen dies für absolut unmöglich zu halten. Doch der Respekt vor der Schöpfung verlangt meines Erachtens seinen Tribut. Das erbarmungslose Schlachten der kleinen Ferkel, Kälber und Lämmer halte ich für einen Frevel, einer modernen Zivilisation für unwürdig. Eine Regierung, die den Handel des Jungtierfleisches verbieten würde, hätte unser aller Respekt verdient.

Kapitel V:
Soziale Gerechtigkeit

Die 23. These:
Was ist soziale Gerechtigkeit?

Wahlkämpfende Politiker gehen gerne mit populistischen Parolen und wohlklingenden Versprechen auf Stimmenfang. Doch was bedeutet es eigentlich, wenn sie (wieder einmal) mehr soziale Gerechtigkeit einfordern? In Deutschland geht es inzwischen vielen Hartz-IV-Familien finanziell besser als entsprechenden, Vollzeit arbeitenden, Doppelverdienerhaushalten. Versteht man das unter sozialer Gerechtigkeit? Die Unterstützung für Kinder und Familien wurde im Laufe der Jahrzehnte in atemberaubender Weise ausgeweitet, während gleichzeitig die Renten deutlich abgespeckt wurden. Ist das gemeint, wenn von „sozialer Gerechtigkeit" die Rede ist?

In meiner Kinderzeit hat ein Handwerksgeselle als Alleinverdiener seine sechsköpfige Familie ernährt – ohne jegliche staatliche Unterstützung (Kindergeld usw. gab es nicht). Trotz aller Armut und Bescheidenheit war die Kindheit damals, so sehe ich das jedenfalls, in den meisten Fällen glücklicher und unbeschwerter als heute. Das abgehobene „Existenzminimum", das den Kindern heute per Verfassungsgericht zugestanden wird, trägt leider allzuoft dazu bei, arbeitsunwilligen Eltern und kinderreichen Flüchtlingsfamilien ein Leben im gehobenen Wohlstand zu garantieren.

Unter dem fadenscheinigen Vorwand, sich das Geld von den Reichen zu holen, überboten sich im Laufe der Zeit die Volksparteien bei der Erfindung neuer sozialer Wohltaten. Weil sich aber die Reichen in einer globalen Welt nicht unbotmäßig abzocken lassen (die Eliten sind auf unser Land selten angewiesen), muss am Ende meistens doch der Normalbürger für die großzügigen Umverteilungsorgien aufkommen. Bezieht man den Arbeitgeberanteil zu den Sozialversicherungen mit ein (alles andere wäre Selbsttäuschung), beträgt die durchschnittliche, lohnbezogene Abgabenlast weit über 50 %. Auch die Rentner trifft die neue Form der „sozialen Gerechtigkeit", viele Nettorenten liegen inzwischen unterhalb der Grundsicherung (die ihnen auch zustünde, wenn sie als betagter Flüchtling ins Land gekommen wären bzw. nie im Leben gearbeitet hätten). Nicht wenige Rentner müssen heute allein 9000 Euro im Jahr für die gesetzliche Kranken- und Pflegeversicherung berappen – vor drei Jahrzehnten war das noch alles beitragsfrei.

Hinter dem Schlagwort der „sozialen Gerechtigkeit" verbirgt sich also eine äußerst fragwürdige Umverteilungsphilosophie. Der Verkäufer, der Handwerker, der Rentner muss bluten (vor allem wenn er ledig oder kinderlos ist), während man sich nicht traut, die alles beherrschenden Monopolisten und Konzerne angemessen zur Kasse zu bitten (die könnten ja über ihre privaten „Wirtschaftsforschungsinstitute" oder Medien eine Hetzkampagne gegen unliebsame Politiker lostreten oder gar mit der Streichung von Parteispenden drohen).

Die 24. These:
Die Lohnkostenreform – die Umfinanzierung der Sozialsysteme...

Das Problem: Arbeit wird künstlich verteuert (über Lohnsteuern und Sozialversicherungsbeiträge), Investitionen dagegen künstlich verbilligt (über staatliche Subventionen).

Dieser Unsinn befördert Automatisierungen, die eigentlich (unter neutralen Gesichtspunkten) unrentabel sind. Die absichtlich herbeigeführte Verteuerung des Faktors Arbeit belastet zusätzlich im internationalen Standortwettbewerb. Die Folge ist die Manifestierung der Massenarbeitslosigkeit (an die man sich offenbar gewöhnt hat) und die Abkoppelung vom produktiven Wachstum (sinkende Löhne bei steigender Produktivität).

Logisch konsequente Schlussfolgerung: Der Sozialstaat sollte mehr über die Mehrwertsteuer und weniger über arbeitsverteuernde Sozialversicherungsbeiträge finanziert werden. Deshalb kämpfe ich seit 30 Jahren für eine allmähliche Umfinanzierung, eine Lohnkostenreform. So könnten dann eines (fernen) Tages die Kranken- und die Pflegeversicherung vollkommen beitragsfrei sein. Jeder Bundesbürger wäre dann über den Staat versichert (in der Krankenkasse seiner Wahl). Das hätte zudem nützliche Synergieeffekte (Verringerung des bürokratischen Aufwandes, Erleichterung von Existenzgründungen).

Rhetorisch begabte Trickser haben es in der Vergangenheit verstanden, die Mehrwertsteuer zu dämonisieren und als unsozial darzustellen. Dieser demagogische Populismus war sicher ganz im Sinne des Großkapitals. Aber er verkehrt die Tatsachen. Gerade die Mehrwertsteuer ist alles andere als unsozial! Weil sie eben nicht zu einer Teuerung führt. In Deutschland hergestellte Waren würden günstiger (wegen sinkender Arbeitskosten/Sozialversicherungsbeiträge), nur Importe würden teurer (weil sie einen faireren Anteil bei der Finanzierung des Sozialstaates übernehmen müssten). Aus welchem Grund sollten Importe bevorzugt (subventioniert) werden?

Offen ist noch die Frage, ob es überhaupt sinnvoll ist, die Mehrwertsteuer bei Exporten grundsätzlich zu erstatten (so wie es heute üblich ist). Diese Praxis fördert bekanntlich den Betrug, führt zu Scheinexporten (Karussellgeschäften) und zur fatalen Exportabhängigkeit. Wenn es immer wieder heißt, Deutschland könne gegen seinen (vermeintlich) hohen Handelsbilanzüberschuss nichts ausrichten, die deutsche Wirtschaft sei einfach zu stark, kann ich nur schmunzeln. Über eine in der Höhe anpassungsfähige Export-Mehrwertsteuer ließe sich der Handels- bzw. Leistungsbilanzüberschuss zielgenau steuern.

Die 25. These:
Warum gibt es keine Tariflohnpflicht?

Wo liegt das Problem? Was hindert unsere Politiker, die Einhaltung geltender Branchen-Tariflöhne zu verlangen? Warum muss es erlaubt sein, vereinbarte Mindeststandards zu unterlaufen? Eine Firma, die Tariflöhne nicht erwirtschaften kann, hat meines Erachtens in einer freien Marktwirtschaft keine Daseinsberechtigung.

Vor 50 Jahren, als wir in Deutschland wirklich von einer Vollbeschäftigung sprechen konnten (bei amtlich registrierten 250.000 Erwerbslosen (heute sind es offiziell 2,5 Millionen), waren übertarifliche Leistungen zwischen zehn und zwanzig Prozent bundesweit üblich. Für den nackten Tariflohn hätte kaum ein Arbeitgeber brauchbare Leute gefunden.

Inzwischen hat sich die Lage umgekehrt. Firmen verweigern die Mitgliedschaft zu ihrem Arbeitgeberverband und zahlen nach ihrem „Haustarif". Und beklagen dann jammernd den angeblichen Fachkräftemangel. Weil sie zu ihren Konditionen keine (ihren hohen Anforderungen genügenden) Fachkräfte mehr bekommen.

Kapital VI:
Die EU ist nicht Europa!

Die 26. These:
Abkehr vom Götzentum!

Gemeint ist damit nicht die Götzenanbetung der Heiden in grauer Vorzeit, sondern die Vergötterung der EU, der Europäischen Union. Es ist ein Irrtum zu glauben, im Verbund gehe alles besser. Und die vielbeschworene Solidarität gibt es in Wirklichkeit auch nicht.

Was hat die EU bisher Positives gebracht? Die Massenarbeitslosigkeit hat in allen Staaten bedenkliche Formen angenommen, auch wenn vielerorts das wahre Ausmaß der Katastrophe verschleiert wird. Nicht einmal die Einkommen der Bevölkerung haben sich in den westlichen EU-Staaten in den letzten drei Jahrzehnten erhöht (obwohl sich die Produktivität in dieser Zeit verdoppelt hat). Der Kontinent erstickt in seiner Bürokratie und Regulierungswut, und von demokratischen Verhältnissen kann man bei so viel Ungleichheit (die Stimme eines Luxemburgers hat zehnmal mehr Gewicht als die eines Deutschen) kaum noch reden.

In der EU verbreiten sich Neid und Missgunst gegenüber den anderen. Immer wieder fühlen sich Völker benachteiligt. Wenn man alles neutral bedenkt, gibt es kaum Argumente, die für die EU sprechen. Denn der klägliche Versuch, die lange Friedenszeit in Europa der EU zuzuschreiben, ist mehr als schamlos. Aus dem 2. Weltkrieg haben schließlich alle gelernt, und die Existenz der Nato und die abschreckende Wirkung der Atomwaffen taten ihr Übriges.

Aus Solidarität zur EU muss Deutschland nunmehr tausende Soldaten in die Krisenregionen dieser Welt beordern. Selbst der aktuelle Konflikt in der Ukraine wäre ohne EU vermutlich gar nicht entbrannt (weil es keine Spaltung der ukrainischen Gesellschaft und keine EU-Beitrittsbestrebungen gegeben hätte).

Grundsätzlich wäre es blauäugig zu behaupten, eine künstlich geschaffene Staatengemeinschaft sei ein Garant für den

Frieden. Man denke dabei nur einmal an Jugoslawien, das nach kriegerischen Seperationsbestrebungen wieder in seine Bestandteile zerfiel. Das Nationalbewusstsein einer Bevölkerung lässt sich nicht so einfach ablegen, das Multikulti-Gehabe nicht erzwingen.

Die 27. These:
Abkehr von der EU-Subventionspolitik!

Eine Subventionspolitik ähnelt der Planwirtschaft! Nicht mehr der Markt entscheidet, sondern der Politiker bzw. der Bürokrat. In der EU-Landwirtschaft wird dieser Unfug besonders deutlich. Die meisten deutschen Bauern mussten bereits aufgrund der EU-Agrarpolitik ihre seit Generationen im Familienbesitz befindlichen Höfe aufgeben. Was der europäischen Landwirtschaft wirklich helfen würde, habe ich unter Punkt 20 bereits dargelegt, ich brauche mich hier nicht zu wiederholen.

Auch außerhalb der Landwirtschaft halte ich nichts von der EU-Subventionitis. Notleidendenden EU-Staaten sollte man, wenn es unbedingt sein muss, lieber mit Entwicklungshilfen beispringen. Das wäre offen und ehrlich, würde Geber- und Nehmerländer klar definieren und der abgehobenen Forderungsmentalität entgegenwirken.

Woher das viele (hart erarbeitete) Steuergeld für oft unsinnige Projekte kommt, wird in den Nehmerländern oft gar nicht wahrgenommen („Das steht uns doch zu, alle Länder profitieren davon."). Die EU schleimt sich ein mit milliardenschweren „Förderungen". Wer aber letztlich die Zeche zahlt, wird kaum jemandem bewusst. Das ist ja wohl auch der Sinn der Sache: Man plakatiert allerorten „gefördert von der EU" (das bringt viele Sympathiepunkte), die Herkunft des Geldes bleibt aber weitgehend anonym (niemand fühlt sich so richtig betroffen). Würden die größten EU-Nettozahler über direkte Entwicklungshilfen besser wahrgenommen, dürfte Deutschland sogar die Chance haben, beim jährlichen Sympathiewettbewerb ESC (European Song Contest) vom letzten Platz verdrängt zu werden.

Die 28. These:
Der EU-Bürokratismus kostet Unsummen!

Es scheint bald so, als sei die EU nur gegründet worden, um die Wirtschaft mit Vorschriften zuzumüllen. Nicht auszudenken, was diese Gesetzesflut (über 80.000 Seiten) alles anrichten bzw. an Kosten verursachen. Die nationalen Regierungen dürfen die Brüsseler Diktate ausbaden und sind mit deren Umsetzung oft überfordert. Immer wieder müssen nationale Gesetze nachträglich revidiert bzw. angepasst werden.

Der Rechtsstaat verkommt zum Rechtsmittelstaat. Wer Geld oder eine starke Lobby hat, kann erst einmal die nationalen Instanzen ausreizen, wenn's sein muss auch noch das Bundesverfassungsgericht einschalten und im Notfall sogar den Europäischen Gerichtshof anrufen. So lassen sich in jahrelangen Verfahren klare Gesetze immer wieder aushebeln, unsere Verfassung gerät zum Spielball von Partei- und Lobbyinteressen – die Moral und der gesunde Menschenverstand bleiben häufig auf der Strecke.

Wohin diese Vorschriftenflut führt, zeigt das Beispiel des Berliner Flughafens. Das Tohuwabohu von Bauordnungen und Paragrafen können selbst die besten Spezialisten kaum noch durchdringen. Der Staat (und die Wirtschaft) werden mehr und mehr handlungsunfähig. Deshalb plädiere ich dafür, fast alle EU-Verfügungen für unverbindlich zu erklären.

Die 29. These:
Die Zollunion ist gescheitert!

Warum ist die industrielle Basis in den EU-Staaten mehr und mehr verloren gegangen? Klar, weil man mit ausländischen Billigproduzenten nicht mehr konkurrieren konnte. Dabei könnte zum Beispiel auch Griechenland ein Gutteil seines Eigenbedarfs selbst herstellen, auch Schuhe, Textilien, Haushaltswaren, Waschmaschinen usw., sogar eine eigene Automarke wäre denkbar. Aber wie soll sich in Griechenland eine stabile Wirtschaft aufbauen, wenn in angrenzenden Nachbarstaaten die Löhne viel niedriger sind? Und wie sollen die angrenzenden EU-Billiglohnländer auf die Beine kommen, wenn die Zollunion keine wirksamen Schutzzölle nach außen zulässt (man sogar mit Bangladesch im Lohnwettbewerb steht)?

Die 30. These:
Aufhebung des Schengener Abkommens!

Profitiert Deutschland ganz besonders von den offenen EU-Grenzen (dem Schengener Abkommen)? Nein! Wenn einer profitiert, dann sind es doch wohl in erster Linie die ausländischen Kriminellen, die jetzt eine grenzenlose Freiheit genießen. Die Kriminalität ist deutlich angestiegen, Trickbetrüger und Einbrechergangs verbreiten Angst und Schrecken. Immer mehr Geld muss für vorbeugende Maßnahmen aufgewendet werden (Alarmanlagen, Überwachungskameras, Zäune usw.), dennoch ist die Aufklärungsrate bei Einbrüchen minimal. Auch Millionen Flüchtlinge profitieren von den offenen Grenzen, denn die meisten von ihnen würden ansonsten Deutschland kaum erreichen.

Selbst wirtschaftlich lohnen sich die offenen Grenzen nicht. Denn auch der Grenzschmuggel (Zoll- und Umsatzsteuerbetrug) lässt sich kaum noch ahnden. Zudem ist es jetzt noch lukrativer, Fabriken in die osteuropäischen Billiglohnländer zu verlegen bzw. osteuropäische Niedriglöhner zu beschäftigen (Werksverträge/Scheinselbständige). Für ein wenig mehr Bequemlichkeit bei den Grenzkontrollen wurde dem Bürger ein Berg von Nachteilen aufgebrummt. Und dennoch heißt es: „Deutschland profitiere ganz besonders...!".

Die 31. These:
Auch der Euro muss wieder abgeschafft werden!

Schon im Grundprinzip entbehrt der Euro jeglicher Logik und Vernunft. Denn eine Gemeinschaftswährung kann nun einmal nicht auf die speziellen Belange und die Wirtschaftskraft eines einzelnen Landes reagieren.

Die Inflationsrate und das daraus resultierende Zinsniveau entwickeln sich bekanntlich in jeder Volkswirtschaft unterschiedlich. Der Nationalstaat muss auf diese zentralen Werte eingehen und auch die Finanzmärkte stellen sich darauf ein. Der Euro aber untergräbt diese natürlichen Marktmechanismen. Er muss einen Mittelwert bilden, muss die unterschiedlichen Inflationsraten in den Ländern unter einen Hut bringen. Wie soll eine Gemeinschaftswährung auf die divergenten Entwicklungen in den Partnerländern reagieren? Sollte in einem Land die Wirtschaft einmal schlecht laufen, kommt es üblicherweise zu einer Abwertung der Währung. Das erleichtert den Export und erschwert (verteuert) Importe.

Der Euro aber verwehrt seinen Mitgliedsstaaten diese notwendige automatische Korrektur. Weil es eben nicht mehr um die Probleme eines einzelnen Landes geht. Hätte zum Beispiel Griechenland noch seine Drachme, würde diese schnell der tatsächlichen Wirtschaftskraft angepasst. Damit würde auch in Griechenland die heimische Basis gestützt, es würde vermehrt im eigenen Land produziert.

Die berechtigten Bedenken der deutschen Bevölkerung vor Einführung des Euro wurden mit nebensächlichen Argumenten weggewischt. Den Bürgern wurde geschickt vorgegaukelt, wie toll doch alles sei: Bequemes Reisen in der Euro-Zone, kein lästiges Geldumtauschen mehr, einfachere Preisvergleiche im Ausland usw.. Es wurde unterstellt, dass der Euro zu einer nie gekannten Transparenz und damit zu allgemeinen Preisnachlässen führen würde.

Nicht erwähnt wurde, dass damit auch die Löhne dem ständigen Preisvergleich ausgesetzt sind. Und der Handel noch undurchsichtiger geworden ist. Er wird zunehmend dubioser, da ausländische Versender den Markt unterlaufen (ohne Mehrwertsteuern an den deutschen Fiskus abführen zu müssen).

Letztlich führt kein Weg daran vorbei, den Euro wieder kontrolliert aufzulösen. Denn nur ein souveräner Staat mit eigener Währung hat im globalen Dumpingwettbewerb langfristig eine Überlebenschance. Reicht die Kraft oder die Einsicht nicht für eine kontrollierte Rückabwicklung, wird es eines Tages zu einem explosionsartigen Zusammenbruch des Euro kommen, mit verheerenden Folgen.

Kapitel VII

Die Demokratie festigen!

Die 32. These:
Der Lobbyismus muss eingedämmt werden!

Die Aufgabe der Lobbyisten ist eindeutig. Sie sollen im Sinne ihrer Auftraggeber auf politische Entscheidungsträger einwirken, um Einfluss auf die Gesetzgebung zu nehmen. Die Akteure selbst sehen in ihrem Ansinnen natürlich nichts Verwerfliches. Sie verstehen sich als edle Aufklärer, weil die armen Abgeordneten bei Entscheidungen oft überfordert sind und nicht über die nötige Sachkenntnis verfügen.

Aber gibt es tatsächlich einen Informationsbedarf? Unsere Volksvertreter sind dem Wohl des Staates verpflichtet – sie sind nicht die Lakaien einzelner Konzerne, der Industrie-, Sozial- oder sonstiger Interessenverbände. Die Einflussnahme der hochdotierten Lobbyisten kann meines Erachtens kaum zur neutralen Beurteilung einer Sachlage beitragen. Denn was für einzelne Firmen bei ihrem ewigen Kampf um höhere Renditen und Marktanteile von Bedeutung sein mag, hat mit dem volkswirtschaftlichen Allgemeinwohl wenig zu schaffen.

Ein einfaches Beispiel: Der Verband der Floristen kämpft, wer will es ihm verdenken, um den Erhalt des ermäßigten Mehrwertsteuersatzes von 7 % (statt 19 %). Doch dieses Privileg (diese Subvention) ist volkswirtschaftlich betrachtet ein klarer Verstoß gegen das Prinzip der Gleichbehandlung. Warum muss der Verkauf von Blumen steuerlich gefördert (begünstigt) werden? Die Sonderregelung ergibt keinen Sinn, weil sie weder sozial noch wirtschaftlich erforderlich ist. Falls es tatsächlich durch eine Mehrwertsteueranhebung in dieser Branche zu leichten Umsatzeinbußen (und damit zum befürchteten Stellenabbau) kommen sollte, muss man halt damit leben (das müssen andere Branchen auch). Außerdem: Wer sich das Geld für den Blumenstrauß verkneift, gönnt sich dafür in der Regel etwas anderes (was gleichsam Arbeitsplätze sichert).

Dagegen lässt sich die Absenkung der Mehrwertsteuer im Hotelgewerbe (von 19 auf 7 %) durchaus logisch begründen. Denn unsere Hoteliers stehen im knallharten internationalen Wettbewerb. Eine Absenkung der Mehrwertsteuer auf ausländisches Niveau fördert die Attraktivität Deutschlands als Urlaubsziel. Hier geht es also wirklich um den Erhalt und die Schaffung von Arbeitsplätzen.

Aber all das sind Überlegungen, die auch ein Bundestagsabgeordneter ganz allein ohne fremde Nachhilfe anstellen kann. Er braucht dafür keine Lehrmeister, Souffleure oder Denkfabriken. Und wenn ein Politiker tatsächlich einmal etwas partout nicht weiß, so kann er schließlich auch selbst recherchieren (zum Beispiel im Internet). Oder er kann in speziellen Fällen, wenn er einmal wirklich nicht weiterkommt, von betroffenen Firmen oder Verbänden ein kurzes, schriftliches Statement erbitten bzw. Firmen von sich aus aufsuchen, um sich vor Ort ein konkretes Bild zu machen. Mit den Argumenten kann er dann die Gegenseite konfrontieren und sich auf dieser Basis letztlich ein eigenes Urteil bilden.

Wo Lobbyisten sich einnisten, ist die Korruption nicht weit! Für mich ist die Sache klar: Überall dort, wo sich Lobbyisten tummeln und einmischen, stinkt es gewaltig nach Manipulation und Korruption. Den Lobbyismus betrachte ich als Krebsgeschwür der modernen Demokratie. Ich plädiere für ein völliges Verbot des Lobbyismus! Ein Abgeordneter braucht keinen direkten Kontakt mit bezahlten Lobbyisten, wenn er über einen eigenen wachen Verstand verfügt (wovon man doch ausgehen muss).

Genügt mehr Transparenz? Manche Lobbyismus-Kritiker fordern lediglich mehr Transparenz. Alle Lobbyisten müssten registriert werden und auch Abgeordnete sollten ihre Gesprächspartner anmelden. Sicherlich würden derlei Regeln den Lobbyismus geringfügig eindämmen. Aber mir genügen diese verklärenden Alibimaßnahmen absolut nicht! Die Missstände würden damit nicht beseitigt, sondern sogar noch ein wenig legalisiert und salonfähig gemacht.

Die 33. These:
Geheime Abstimmungen
im Parlament!

Kann es denn überhaupt eine echte Demokratie geben? Aber ja doch, es kann! Die Umsetzung wäre denkbar einfach. Es müssten lediglich die meisten Abstimmungen in den Parlamenten geheim stattfinden. Das wäre schon alles. Gäbe es geheime Abstimmungen, wäre die Machtbasis des Parteiapparates gebrochen! Dann könnten die Parteispitzen ihre Marschrichtungen nicht mehr im Vorfeld diktieren und starrköpfige Koalitionsvereinbarungen könnten auch nicht mehr die Politik lähmen. Erst dann wären alle Abgeordneten tatsächlich frei und nur ihrem Gewissen verpflichtet, so wie es das Grundgesetz vorsieht. Erst dann könnte man von einer parlamentarischen Demokratie sprechen. Erst dann wäre das Abgeordnetenhaus, der Bundestag, ein Spiegelbild der öffentlichen Meinung.

Hätte es geheime Abstimmungen bereits vor 20 Jahren gegeben, gäbe es vermutlich weder den Euro noch die EU in ihrer jetzigen Form. Und auch die Globalisierung (der Zollfreihandel) könnte keine neoliberale Abwärtsspirale erzwingen – es gäbe keine Massenarbeitslosigkeit und keine sinkenden Reallöhne.

Sie meinen, das sind alles kühne Worte, die sich kaum belegen lassen? O nein, so ist es nicht! Auch in unserer modernen Zeit gelten immer noch die Gesetze der Logik, die sich auch mit intensivster Propaganda nicht einfach aushebeln lassen.

In diesem Zusammenhang plädiere ich auch dafür, den Bundestagsabgeordneten wieder mehr Zeit für die eigene Meinungsbildung einzuräumen, damit sie nicht in Abhängigkeit ihrer Parteiexperten geraten. Es geht nicht an, dass unsere wichtigsten Entscheider sich an den Belangen ihres Wahlkreises aufreiben. Staatsinteressen haben allemal Vorrang vor regionalen Begehrlichkeiten.

Die 34. These:
Wir brauchen keine Weltregierung!

Der alte Traum von einer Weltregierung fasziniert noch immer. Aber wie utopisch ist die Idee? Vor allem – bringt sie überhaupt den Durchbruch?

Natürlich wäre es schön, wenn weltweit die gleichen Tariflöhne, Steuern, Gesetze, Sozialstandards und Rechte gelten würden. Aber unrealistische Visionen dienen oft nur dazu, von wirklich machbaren Reformen abzulenken. Ein altbekannter Trick.

Davon abgesehen ist es fraglich, ob eine Weltregierung wirklich so wohlstandsfördernd wäre wie erhofft. Denn erstens ist ein weltumspannendes Riesenreich weitaus schwieriger zu regieren und zu kontrollieren als ein überschaubares Gebiet mit einheitlicher Landes- und Amtssprache (man denke dabei nur an die Probleme in der EU).

Und zweitens fehlt bei einer Weltregierung der gesunde, länderübergreifende Leistungsvergleich. Heute lernen Regierungen permanent von den Nachbarstaaten. Was läuft dort ausgesprochen gut, welche Reformen haben sich dort bewährt und was erwies sich als Flop. Dieser überaus nützliche Vergleichswettbewerb (der leider durch die übliche Bilanzkosmetik verzerrt wird) würde durch eine Weltregierung erheblich eingeschränkt.

Und ob ein globaler Einheitsstaat den Krieg grundsätzlich ausrotten würde, wie laienhaft immer wieder angenommen, darf auch bezweifelt werden. Denn Bürgerkriege und kriegslüsterne, machtbesessene Despoten hat es schon immer gegeben und sie werden bei einer globalen Entnationalisierung nicht einfach verschwinden. Es bestünde sogar die Gefahr, dass rücksichtslose Fanatiker, Mafiosi oder Rebellenführer die Weltherrschaft an sich reißen und eine Apokalypse heraufbeschwören.

Die 35. These:
Wie neutral sind die Medien?

Auch Journalisten sind nur Menschen. Auch sie können irren. Niemand verlangt von ihnen die absolute Unfehlbarkeit. Aber wenn ich „die Medien" kritisiere, geht es mir nicht um verzeihliche Entgleisungen oder Versehen – es geht um den Vorwurf der gezielten Meinungsmanipulation. Darum, dass der Bevölkerung fundamentale Grundsätze ganz bewusst falsch vermittelt werden mit dem Ziel, massiven Einfluss auf existentielle Richtungsfragen zu nehmen.

Im Laufe der Jahrzehnte hat besonders in Deutschland durch gehirnwäscheartige Propaganda eine Umerziehung stattgefunden, die einen äußerst fragwürdigen Wertewandel herbeigeführt hat. Der souveräne Nationalstaat ist in Ungnade gefallen, er wird vom Establishment und vor allem von linksorientierten Politikern, Intellektuellen und Künstlern verachtet und verhöhnt. Wer sich in unserer ach so liberalen Gesellschaft nicht der künstlich entfachten, antideutschen bzw. antinationalen Bewegung anschließt, wer nicht die politische Vereinigung Europas als Ziel aller Sehnsüchte verinnerlicht, der wird beleidigt, ausgegrenzt, angefeindet und als fremdenfeindlicher Rassist oder Rechtsradikaler verunglimpft.

Dank jahrzehntelanger medialer Dauerberieselung fällt es zum Beispiel niemanden mehr auf, wenn führende Politiker via Fernsehen verkünden, „Unsere Gesellschaft sei nun einmal auf Zuwanderer angewiesen!". Der verhängnisvolle Trugschluss wird leider von einer eingeschüchterten Bevölkerung als unverrückbare Tatsache akzeptiert.

Aber einmal ernsthaft: Warum ist ausgerechnet das dichtbesiedelte Deutschland auf Zuwanderer angewiesen? Sind unsere Straßen und Städte zu leer, gibt es noch immer zu viele unbebaute Wiesen und Wälder? Deutschland ist von der Fläche kleiner als Schweden, hat aber die neunfache Einwohnerzahl. Ist das entschieden zu wenig? Oder glaubt jemand tatsächlich noch an das Ammenmärchen vom Fachkräftemangel, der sich nur über eine kräftige Zuwanderung beheben lässt?

Auch in anderen Grundsatzfragen wird von den Medien selten etwas kritisch hinterfragt. Darf die Rückkehr zur DM in einer liberalen Gesellschaft nicht einmal erwogen werden? Muss man die EU als Transferunion akzeptieren? Muss man die Billiggeldschwemme der EZB, die Null-Zins-Politik, die gigantischen Schuldenerlasse in Kauf nehmen? Ist die Brüsseler Vorschriftenflut unvermeidbar, darf an ihrer marktfeindlichen Subventionspolitik nicht gerüttelt werden? Gibt es zum innereuropäischen und globalen Lohn- und Steuerdumping keine Alternative, wären schützende Zollgrenzen ein Anachronismus, ein Rückschritt oder gar ein abartiges Verbrechen?

Die Demokratie lebt von der Gegenrede ...
Nach allgemeiner Auffassung lebt die Demokratie von der Gegenrede. Das sieht ein Gutteil der deutschen Politiker, Journalisten und Redakteure offenbar ganz anders. Wer es wagt, eine vom eingetrichterten Mainstream abweichende Meinung zu haben, muss damit rechnen, als rechtspopulistischer, rechtsradikaler und demokratiefeindlicher Unmensch betitelt zu werden, „der aus der Vergangenheit nichts gelernt hat". Wenn in einer vermeintlich repräsentativen Demokratie 30-40 % der Bevölkerung sich nicht mehr im Bundestag vertreten fühlen (weil die etablierten Parteien sich in entscheidenden Grundsatzfragen alle einig sind), sollte dies zu denken geben.

Die Medien hätten die Aufgabe, objektiv über die Widersprüche in dieser Gesellschaft zu berichten und offen zu sein für eine alternative Politik. Sie werden diesem Anspruch, so sehe ich das jedenfalls, nur unzureichend gerecht.

Wie hoch ist das Risiko?

Die in dieser Broschur aufgestellten Thesen sind eine Diskussionsgrundlage. Ich erhebe nicht den Anspruch, dass ausnahmslos alle Vorschläge den Praxistest bestehen (wohl aber die meisten davon).

Grundlage des kapitalistischen bzw. marktwirtschaftlichen Systems ist ohnehin das Probieren bzw. das Austarieren der Möglichkeiten. Jede neue Idee, jedes neue Produkt und jedes neue Gesetz muss sich am Markt und im harten Alltag bewähren. Insofern ist natürlich jede Veränderung und jede einleuchtende Reform mit einem Restrisiko verbunden. Aber wenn man bei Gesetzesänderungen behutsam vorgeht (wie ich es immer wieder fordere), wenn man sich schrittweise an das Optimum herantastet (also zum Beispiel mit einer niedrigen einprozentigen Filial- oder Monopolsteuer beginnt), kann von einem echten Risiko kaum noch die Rede sein.

Das verbleibende Risiko ist geradezu lächerlich im Vergleich zu den großen Abenteuern, die unsere Regierungen in den letzten Jahrzehnten eingegangen sind. Die Abschaffung unserer angesehenen DM und die Einführung des Multikulti-Euro hielt ich schon vor 20 Jahren für ein absurdes Vabanquespiel. Auch das Schengener Abkommen (die Abschaffung der Grenzen innerhalb der EU), die EU-Osterweiterung, die Agenda 2010 betrachte ich als hochriskante Unternehmungen, deren Ausgang ungewiss ist.

Wenn führende Politiker in der Vergangenheit also vor keiner Tollkühnheit zurückschreckten, warum dann dieser Kleinmut bei kontrollierten, logisch begründeten Korrekturmaßnahmen?

„Deutschland profitiert ...!"

Egal was geschieht: „Deutschland profitiert"! Deutschland profitiert (man glaubt es kaum) von der EU, dem Euro, der EZB, der Transferunion, der Null-Zins-Politik, der Agenda 2010, dem Freihandel, der Globalisierung, der Zuwanderung, der EU-Niederlassungsfreiheit, dem Schengener Abkommen, den diversen Freihandelsabkommen, der Ausbeutung Afrikas – es gibt anscheinend nichts, wovon ausgerechnet Deutschland nicht profitiert. Zur Bekräftigung dieser gehirnwäscheartigen Propaganda wird häufig sogar noch ein „ganz besonders" hinzugefügt. Wir sind also die großen Profiteure (oder sollte man doch lieber Schmarotzer sagen).

Was bezweckt man eigentlich mit dieser Augenwischerei? Es scheint, als wolle man dem Bundesbürger fragwürdige Zumutungen schmackhaft machen, sie als Erfolge verkaufen, Kritik im Keim ersticken. Damit ja niemand in Versuchung kommt, politische Entscheidungen anzuzweifeln oder nach Alternativen zu suchen.

Das Fatale an der ganzen Sache ist, dass die Propagandasprüche (die gedacht sind, die eigene Bevölkerung ruhigzustellen) inzwischen weltweit ausgestrahlt und gehört werden. Und so kommt es überall in der Welt zu falschen Vorstellungen, zum Anspruchsdenken, zu Geldforderungen. Wirtschaftsflüchtlinge aus aller Welt hoffen, hier eine bessere Heimat finden zu können (zumindest vorübergehend). EU-Staaten mit niedrigerem Lohnniveau oder hoher Arbeitslosigkeit haben den Eindruck, vom stinkreichen Nachbarn Deutschland nicht genug unterstützt zu werden, bzw. meinen, das dominante Deutschland nutze die EU für seine Zwecke. So leben dann auch immer wieder alte Ressentiments auf, man erinnert an die beiden Weltkriege, um Deutschland in die Pflicht zu nehmen (Schuldenerlasse, Reparationszahlungen, gemeinsame Haftung für Banken und Staatsanleihen, Lockerung der Geldpolitik usw.). Würden unsere Politiker und Medien etwas zurückhaltender mit den „Deutschland-profitiert"-Sprüchen umgehen und weniger mit zweifelhaften Erfolgen prahlen, dürfte sich auch die Forderungsmentalität uns gegenüber ändern.

Zu den Ausführungen in dieser Broschur: Was die Fakten betrifft, war ich weitgehend auf die Daten in den Medien und Lexika angewiesen. Sollten Sie bemerken, dass in der Sache eine Zahl oder eine Behauptung nicht stimmt, sich irgendwo ein Fehler eingeschlichen hat oder ich mich im Ton vergriffen habe, so können Sie es mir gerne unter m.mueller@iworld.de per Email mitteilen. Ich halte mich absolut nicht für unfehlbar oder das Maß aller Dinge. Berechtigte Beanstandungen könnte ich dann in einer neuen Auflage berücksichtigen.

Dieses Büchlein konzentriert sich auf die Grundübel
der deutschen, europäischen und globalen Fehlentwick-
lungen. Wenn Sie tiefer in die spannende Materie ein-
steigen, die hier aufgestellten Thesen ausführlicher er-
klärt und untermauert haben möchten, empfehle ich
Ihnen meine „DAS KAPITAL"-Trilogie. Dort finden Sie
jede Menge Hintergrundwissen, weiterführende Aspek-
te und Analysen und auch weitere Lösungsansätze und
Reformvorschläge.

„DAS KAPITAL" in 3 Bänden

Streitschrift gegen verhängnisvolle Vorurteile und politische Ignoranz. Ohne Umschweife werden die gravie-
rendsten Denkfehler und Irrtümer enttarnt und nicht
gezögert, auch Tabuthemen vorbehaltlos aufzugreifen.

Denn wenn die Politik es wirklich wollte, ließen sich
auch die ärgsten Staatsprobleme rasch lösen. Der Niedergang Deutschlands und der westlichen Welt ist kein
unabwendbares Schicksal – er ist hausgemacht (die Folge einer verfehlten, unlogischen Lobbypolitik).

Band I (das Hauptwerk)
„DAS KAPITAL und die Globalisierung",
172 Seiten, Format 17x22 cm, 13,50 Euro

Band II
„DAS KAPITAL und die Weltwirtschaftskrisen",
68 Seiten, Format 17x22 cm, 5,90 Euro

Band III
„DAS KAPITAL und der Sozialstaat"
Umverteilung bis zur Perversion? Wann kollabiert das
Sozialsystem? 104 Seiten, Format 17x22 cm, 7,90 Euro

Bezug über den Internet-Buchhandel (dort meistens vorrätig)
oder den stationären Buchhandel.

www.ingramcontent.com/pod-product-compliance
Lightning Source LLC
Chambersburg PA
CBHW021148260726
48656CB00025B/2165